わくわく アインシュタイン式 子どもの論理脳ドリル 新装版

アインシュタイン研究会／編

実業之日本社

はじめに 〜"解明する力"を身につける〜
Albert Einstein

【答えを導き出す能力を大切に】

「重要なことは、疑問を止めないことである。探究心はそれ自身に存在の意味を持っている」

アインシュタイン博士の言葉です。知識を覚えることも大切ですが、疑問に感じたことを解明しようという姿勢はより重要とも言えるのです。その疑問を抱く能力は、環境によって養われることもあれば、無くなってしまう場合もあります。

お子さんが「何でそうなるの?」「なぜ、これはだめなの?」と疑問を抱いたら、それを大切にしてあげてください。もちろん、すべて答えてあげることは難しいでしょうし、そうする必要もないでしょう。なぜなら出した答えよりも、疑問を抱き、それを解明しようとする姿勢が大切だからです。

お子さんが疑問を抱いたら、まずは誉めてあげてください。大人でも「よくそこに気がつきましたね」「いい質問ですね」などと言われることはうれしいものです。まして、子どもとなれば大人の何倍もうれしいはずです。誉めたあと、すぐに答えを教えてあげることもいいのですが、時間があればお子さんといっしょに考えるのもいいでしょう。得た知識そのものより、答えを導き出すプロセスを学ぶことはもっと大切なことなのですから。

本書の問題は、お子さんが自分ひとりの力では解けない問題もあるかもしれません。そんなとき、お子さんが「これはどうすればいいの?」と気軽に聞ける環境を作ってあげてください。

そして、いっしょに考え、いっしょに答えを導き出す楽しさを味わってください。そのとき、解答ページにある<ヒントの順番例>を活用するのもいいでしょう。

本書がきっかけのひとつとなり、お子さんの何かに疑問を抱く能力、その疑問を解決する能力が磨かれれば幸いです。

Index もくじ

【本書の遊び方】

下記のようにして、答えを導き出します。

問題 0　メロンを好きなのはどこの国の人？

チェック　ヒント

- ☐ ① スイス人はバナナ好き
- ☐ ② ピンクの家は緑の左どなり
- ☐ ③ 日本人は真ん中
- ☐ ④ マンゴー好きはバナナ好きのとなり
- ☐ ⑤ イギリス人は紫の家
- ☐ ⑥ 緑の家は端

0	左	真ん中	右
国籍			
好きなフルーツ			
家の色			

まず、ヒント③より日本人を真ん中の枠に入れます（枠の中には色字の部分のみ入れます）。

1	左	真ん中	右
国籍		日本	
好きなフルーツ			
家の色			

次は、ヒント⑥とヒント②を連動させて考えます。ヒント⑥より緑の家は右端か左端に入ることがわかります。ヒント②より緑の家の左どなりにピンクの家があることがわかります。緑の家が左端にあると、ピンクの家が入りません。そこで、緑の家を右端に、ピンクの家を真ん中に入れます。

2	左	真ん中	右
国籍		日本	
好きなフルーツ			
家の色		ピンク	緑

次は、ヒント⑤を使います。紫の家が入る枠は左端しかありません。そこで左端に紫の家とイギリス人を入れます。

3	左	真ん中	右
国籍	イギリス	日本	
好きなフルーツ			
家の色	紫	ピンク	緑

次は、ヒント①を使います。スイス人が入る枠は右端しかありません。そこで右端にスイス人とバナナを入れます。

4	左	真ん中	右
国籍	イギリス	日本	スイス
好きなフルーツ			バナナ
家の色	紫	ピンク	緑

次は、ヒント④を使います。バナナのとなりは真ん中の枠になります。そこで真ん中にマンゴーを入れます。

5	左	真ん中	右
国籍	イギリス	日本	スイス
好きなフルーツ		マンゴー	バナナ
家の色	紫	ピンク	緑

最後は、問題文に注目します。メロンが入る枠は左端しかありません。そこで左端にメロンを入れます。

6	左	真ん中	右
国籍	イギリス	日本	スイス
好きなフルーツ	メロン	マンゴー	バナナ
家の色	紫	ピンク	緑

以上の結果から、答えは【イギリス】ということになります。

【本書の注意点】

本書の問題を解くにあたり、下記の注意点を読んでください。

★ 枠の中に入るワードはすべて異なります。ひとつの問題で、同じワードが別の枠（2つ以上の枠）の中に入ることはありません。

★ ヒントの中の色字で書かれているワードは、必ず表のいずれかの枠の中に入ります。

★ ヒントを使う順番は、ヒントの番号とは異なります。また、ヒントの使い方によっては、使用しないヒントがあるかもしれません。

★ ヒントを使ったあと、ヒントの番号の左横にあるチェック欄（□）にチェックを入れると、使ったヒント、まだ使っていないヒントを区別できます。

4

月_{（がつ）}

April

Level
レベル
1

 問題 1 　はなみずきを好きな人はだれ？

チェック　ヒント

- ☐ ① まみちゃんは真ん中にいる
- ☐ ② まみちゃんは1組
- ☐ ③ ゆきちゃんは右にいる
- ☐ ④ ゆきちゃんは2組
- ☐ ⑤ すずらんを好きなのはあやちゃん
- ☐ ⑥ ひなげしを好きな人は3組の人のとなり

まずは小手調べの問題じゃ。ヒントを見て、わかるところから右ページの枠の中にワードを書いていくんじゃぞ。

008

1	左 ひだり	真ん中 ま なか	右 みぎ
名前 な まえ			
好きな季節の花 す きせつ はな			
クラス			

答え
こた

メモ 問題を解くときに使ってね
もんだい と つか

チェック　ヒント

- ☐ ① かんけりを好きなのはさとしくん
- ☐ ② はるとくんは真ん中にいる
- ☐ ③ おにごっこを好きなのははるとくん
- ☐ ④ かくれんぼを好きな人は赤のランドセル
- ☐ ⑤ ともきくんは左にいる
- ☐ ⑥ かんけりを好きな人は青のランドセル

はじめにヒント1を見ても、どこに入るかわからないのう。そういうときは別のヒントを見るんじゃぞ!!

2	左 ひだり	真ん中 ま なか	右 みぎ
名前 な まえ			
好きな遊び す あそ			
ランドセルの色 いろ			

答え
こた

メモ 問題を解くときに使ってね
もんだい と つか

問題 3 テントウムシを つかまえた人はだれ？

チェック ヒント

- ☐ ① まりちゃんは右にいる
- ☐ ② あすかちゃんはもえちゃんの右どなり
- ☐ ③ 図工を好きな人は読書を好きな人の左どなり
- ☐ ④ 音楽を好きな人はアメンボをつかまえた
- ☐ ⑤ もえちゃんはアメンボをつかまえた
- ☐ ⑥ 読書を好きな人はイナゴをつかまえた

まずは、ヒント1が簡単にわかりそうじゃのう。まりちゃんが枠の中に入れば、ヒント2もわかってきそうじゃぞ。

③	左 ひだり	真ん中 ま な か	右 みぎ
名前 な まえ			
好きな勉強 す べんきょう			
つかまえた 季節の虫 き せつ むし			

答え
こた

メモ 問題を解くときに使ってね
もんだい と つか

みんなはボールを投げるとき、どっちの手で投げるのかの？
右手で投げる人が多いと思うが、
友達の中には、左手で投げる人もいるはずじゃ。
右手で投げる人は『右利き』、左手で投げる人は『左利き』と呼ぶんじゃぞ。

では、みんなの利き目はどっちかな？

「目は両方で見てるから利き目なんてないよ」
と思うかもしれんのう。
じゃあ、次に言うことをやってみてくれい。

まず、イラストAのように
親指と人差し指で輪を作るんじゃ。

次にイラストBのように手を伸ばして、
両目でその輪の中をのぞいて
遠くにある何かを見てくれい。

例えば時計を見たとしよう。
すると、輪の中はイラストCのようになっているはずじゃ。

では、手をそのままにして、
右目をつぶって、左目だけで輪の中をのぞいてくれい。
次は、右目を開けて、左目をつぶって輪の中をのぞいてくれい。

左目だけで見たとき、輪の中に時計が見えたら、
左目が利き目ということになるんじゃ。

反対に、右目だけで見たときに時計が見えたら、
右目が利き目なんじゃ。

ちなみに、わしの利き目は左目じゃった。
みんなの利き目はどっちだったかのう？

A

B

C

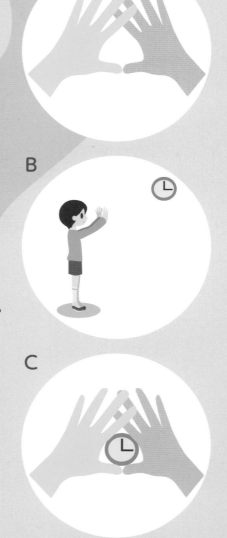

月
（がつ）

May

Level
レベル
2

 問題 **4** 子鯉を好きな人はだれ？

チェック ヒント

☐ ① たくみくんはだいきくんの右どなり

☐ ② 緋鯉を好きな人はゆうじくん

☐ ③ だいきくんはスパゲティを食べたい人のとなり

☐ ④ 真鯉を好きな人は緋鯉を好きな人のとなり

☐ ⑤ ハンバーグを食べたい人は左にいる

☐ ⑥ コロッケを食べたい人は真ん中にいる

 わしが子どものころは真鯉だけじゃったんじゃが、いまは緋鯉や子鯉もいて、にぎやかじゃのう。

4	左 ひだり	真ん中 ま なか	右 みぎ
名前 な まえ			
好きなこいのぼり す			
食べたい給食 た きゅうしょく			

答え
こた

メモ　問題を解くときに使ってね
もんだい と つか

問題 5　バラを好きな人はだれ？

チェック　ヒント

- [ ] ① めるちゃんはかぐや姫を読んだ人のとなり
- [ ] ② ももたろうを読んだ人は右にいる
- [ ] ③ サツキを好きな人はヒルガオを好きな人の右どなり
- [ ] ④ みらいちゃんはかちかち山を読んだ人の左どなり
- [ ] ⑤ かなちゃんはヒルガオを好きな人のとなり

ヒント2の次に見るヒント4は難しいヒントじゃのう。だけど、みんなならきっとわかるはずじゃ。よ〜く考えてみてくれい!!

5	左 ひだり	真ん中 ま なか	右 みぎ
名前 な まえ			
好きな季節の花 す きせつ はな			
読んだ昔話 よ むかしばなし			

答え
こた

問題 6　国語が得意な人はだれ？

チェック　ヒント

□ ① 体育が得意な人は算数が得意な人のとなり

□ ② こどもの日を好きなのはふくくん

□ ③ 憲法記念日を好きな人は真ん中にいる

□ ④ なつみくんは算数が得意

□ ⑤ みどりの日を好きな人はまさとくんの右どなり

◎ みんなはどの勉強が得意かの？　わしは算数が得意じゃった。ところでこの問題ではヒント5がポイントになりそうじゃぞ。

6	左 ひだり	真ん中 まなか	右 みぎ
名前 なまえ			
好きな祝日 すしゅくじつ			
得意な勉強 とくいべんきょう			

答_{こた}え

メ モ　問題_{もんだい}を解_とくときに使_{つか}ってね

みんなはイラストＡのように、

気をつけの姿勢から、ひざを曲げないで
指先がどこまで下げられるかの？

手のひらが地面にペッタリとつく人もいれば、
指先が地面まで届かない人もいるじゃろうな。

A

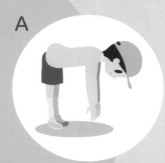

では、イラストＢのように
その場で左回りに３回転ほどしてみてくれい。

そのあとでイラストＡのようにやったら
指先はどこまで下がるかな？

B

わしの研究所の人たち10人にやってもらったら、

みんなイラストＡ＋のように
「前よりも曲がった」と言うんじゃ。

みんなはどうかな？
おもしろいことに、右回りではまったく効果が出ないんじゃ。

A+

それじゃ、もうひとつ。
イラストＣのように右手の指と左手の指を合わせ、
両手の親指をクルクルと10回まわしてくれい。

10回まわしたら、逆回りにもう10回まわすんじゃ。
親指が終わったら人差し指、その次は中指と、
順番に小指までまわしてくれい。

そのあと、イラストＡのように身体を曲げると

どうなるかのう？
不思議なことに、わしはどちらの方法でも
身体が柔らかくなったぞい！

C

がつ

月
June

Level
レベル
3

問題 7　ままごとを好きな人はだれ？

チェック　ヒント

- ☐ ① みいちゃんはさらちゃんの左どなり
- ☐ ② あいらちゃんはみいちゃんの左どなり
- ☐ ③ ぬり絵を好きな人は青の傘の人の左どなり
- ☐ ④ おりがみを好きな人は赤の傘の人のとなり
- ☐ ⑤ さらちゃんは緑の傘

おおっ!!　早くも難問の登場じゃな。ヒント1とヒント2をいっしょに考えないとわからないようじゃぞ。

7	左 ひだり	真ん中 ま なか	右 みぎ
名前 な まえ			
好きな遊び す あそ			
傘の色 かさ いろ			

答え
こた

メモ　問題を解くときに使ってね
もんだい と つか

問題 8 博物館に行きたい人はだれ？

チェック ヒント

☐ ① しんじくんは左にいる

☐ ② 水族館に行きたい人はカタツムリをつかまえた

☐ ③ かずやくんの両どなりはひろきくんとしんじくん

☐ ④ ダンゴムシをつかまえたのはかずやくん

☐ ⑤ 美術館に行きたい人はカマキリをつかまえた人の左どなり

みんなはどんな虫が好きかの？ さて、この問題ではヒント3がポイントになりそうじゃぞい。

8	左 ひだり	真ん中 ま なか	右 みぎ
名前 な まえ			
行きたい い 遠足の場所 えんそく ば しょ			
つかまえた 季節の虫 き せつ むし			

答え
こた

メモ 問題を解くときに使ってね
もんだい と つか

問題 9 　はるなちゃんの長靴の色は？

チェック　ヒント

☐ ① まきちゃんはいるまちゃんの2つ左

☐ ② あじさいを好きなのははるなちゃん

☐ ③ ききょうを好きな人はパープルの長靴

☐ ④ ホワイトの長靴はまきちゃん

☐ ⑤ くちなしを好きな人はピンクの長靴の人のとなり

ヒント1は、ちょっと難しいようじゃな。でも、よ～く考えてみてくれい!!　みんななら、きっとわかるはずじゃ。

9	左 ひだり	真ん中 ま　なか	右 みぎ
名前 な　まえ			
好きな季節の花 す　き　せつ　はな			
長靴の色 ながぐつ　いろ			

答え
こた

メモ　問題を解くときに使ってね
　　　もんだい　と　　　　　つか

みんなは、ひらがなとカタカナを全部書けるかな？

「そんなのできるよ！」という人も少なくないじゃろうな。

では、漢字を全部書ける人はいるかな？

なかなかいないじゃろうな。

漢字は大人でも全部知っている人はほとんどいないからのう。

わしも漢字はそれほど得意ではないが、嫌いではないんじゃよ。

なぜなら、おもしろい漢字もたくさんあるからなんじゃ。

次の漢字は国の名前なんじゃ。

みんなはどれだけわかるかのう？

問題①　上の段にある漢字の読み方を下の段から見つけ、線で結んでくれい。

印度	伊太利亜	亜米利加	独逸	仏蘭西	越南
・	・	・	・	・	・
・	・	・	・	・	・
ベトナム	イタリア	インド	アメリカ	フランス	ドイツ

難問　問題②　○の中に字を入れて、国の名前を完成させてくれい。

A　洪牙利＝ハン○○ー

B　阿蘭陀＝オ○○○

C　南阿弗利加＝○○○○○フ○○

D　加奈陀＝○○○

E　知里＝○○

F　亜爾然丁＝○○○ン○ン

<ヒント>

AとBはヨーロッパの国、EとFはサッカーが強い南米の国じゃぞ。

Cはかなり難しい問題じゃな。

解答は 122 ページへ

月<ruby>月<rt>がつ</rt></ruby>
July

Level
レベル
4

チェック　ヒント

☐ ① あさがおを好きな人はまさしくんの右どなり

☐ ② イチゴアイスを食べた人は右から2番目

☐ ③ まさしくんはたくやくんのとなり

☐ ④ バニラアイスを食べた人はミントアイスを食べた人の左どなり

☐ ⑤ ひまわりを好きなのはしょうくん

☐ ⑥ さるすべりを好きな人は左から2番目

☐ ⑦ こすもすを好きな人はメロンアイスを食べた

わしはアイスが大好きでな。仕事のあとの一本は格別じゃ。ところで、この問題ではヒント4がポイントのようじゃな。

10	左	ー	ー	右
名前				
好きな季節の花				
食べたアイス				

答え

メモ　問題を解くときに使ってね

チェック ヒント

□ ① しゃくはちを好きな人は右端にいる

□ ② ことを好きな人は端にいる

□ ③ しずちゃんは夜のトイレが怖い人のとなり

□ ④ しゃくはちを好きな人は夜の病院が怖い人のとなり

□ ⑤ しゃみせんを好きな人は夜の学校が怖い

□ ⑥ たいこを好きな人はほなみちゃん

□ ⑦ のんちゃんは夜のお墓が怖い

わしは三味線の音が大好きでの。いつ聴いても心がいやされるんじゃ。みんなの好きな和楽器は何かのう？

11	左 ひだり	ー	ー	右 みぎ
名前 な まえ				
好きな和楽器 す わ がっき				
怖いところ こわ				

答え
こた

メモ　問題を解くときに使ってね
もんだい と つか

| チェック | ヒント |

- ☐ ① 読書感想文が得意な人は右端にいる
- ☐ ② ごろうくんは自由研究が得意
- ☐ ③ さとるくんは左から2番目にいる
- ☐ ④ 工作が得意な人はゆたかくんの右どなり
- ☐ ⑤ じゅんくんはカナダに行きたい
- ☐ ⑥ 絵日記が得意な人はブラジルに行きたい
- ☐ ⑦ アメリカに行きたい人はカナダに行きたい人のとなり

みんなはこの問題に出てくる国の場所を知っているかな？　この問題では、ヒント4を考えるときに注意してくれい!!

12	左（ひだり）	ー	ー	右（みぎ）
名前（なまえ）				
得意な（とくい）夏休みの宿題（なつやす）（しゅくだい）				
行きたい外国（い）（がいこく）				

答え（こた）＿＿＿＿＿＿＿＿＿＿＿＿＿＿＿＿＿＿＿＿＿＿

メモ 問題を解くときに使ってね（もんだい）（と）（つか）

みんなはサッカーボールで
リフティングをやったことがあるかな？

難しそうなテクニックを次々とやっているお兄さんを見ると、あこがれてしまう
じゃろ。残念ながらわしはリフティングはあまり得意ではないんじゃが、
ひとつだけ名人から教わった、ボールを上げるテクニックがあって、それはできるんじゃ。

イラストを見てくれい。

A

まず、身体の前にあるボールの上に
右足を乗せるんじゃ。

B

右足の裏でボールを手前に
転がしてくれい。

C

そして、左足のつま先にボールを
当てるんじゃ。

D

上がったボールをリフティングするんじゃが、
ここから先のリフティングが難しいんじゃ。

さて、名人から教わったこのテクニック、みんなはできたかのう？
実は、このテクニックにはひとつだけコツがいるんじゃ。
それは、イラストCの「左足のつま先にボールを当てる」とき、
左足のつま先を上に反らせておくことじゃ。

どうじゃ、うまくいったかな？
左足のつま先のことはナイショにして、友達に「これできる？」と言ってみたらどうかのう。

がつ
8月
August

Level
レベル 5

問題 13 たし算が得意な人はだれ？

チェック ヒント

- □ ① ももちゃんの両どなりはあきなちゃんとやすはちゃん
- □ ② ひき算が得意な人は東北に行った人のとなり
- □ ③ みちちゃんは九州に行った
- □ ④ 四国に行った人はかけ算が得意な人の右どなり
- □ ⑤ わり算が得意な人はたし算が得意な人の右どなり
- □ ⑥ 北海道に行った人は右から2番目にいる
- □ ⑦ やすはちゃんは左端にいる

みんなは算数が好きかな？　なんでも、わかると楽しいもんじゃ。わからないところは、だれかに聞いてもいいんじゃぞ!!

13	左 (ひだり)	－	－	右 (みぎ)
名前 (なまえ)				
得意な計算 (とくいなけいさん)				
行った旅行先 (いったりょこうさき)				

答え (こたえ)

メモ　問題を解くときに使ってね (もんだいをとくときにつかってね)

041

チェック　ヒント

☐ ① なみへいくんは右から2番目にいる

☐ ② たいちくんはなみへいくんのとなりではない

☐ ③ 線香花火を好きなのはふじおくん

☐ ④ ねずみ花火を好きな人は探検が楽しかった

☐ ⑤ ロケット花火を好きな人はけんくんの左どなり

☐ ⑥ 打ち上げ花火を好きな人は左から2番目にいる

☐ ⑦ 山登りが楽しかった人は海水浴が楽しかった人の左どなり

ヒント2はいじわるなヒントじゃな。じゃが、ちょっと考えればできるはずじゃ。ところでみんなの楽しい思い出は何かな?

14	左（ひだり）	－	－	右（みぎ）
名前（なまえ）				
好きな花火（すきなはなび）				
楽しかった思い出（たのしかったおもいで）				

答（こた）え

メモ　問題（もんだい）を解（と）くときに使（つか）ってね

問題 15 ほたるをつかまえた人はだれ？

チェック　ヒント

- ☐ ① ボールペンを好きな人は左端にいる
- ☐ ② ノートを好きな人はコンパスを好きな人の2つ左
- ☐ ③ ふゆみちゃんはせみをつかまえた
- ☐ ④ くわがたをつかまえた人はかぶとむしをつかまえた人の2つ右
- ☐ ⑤ ファイルを好きなのはこずえちゃん
- ☐ ⑥ すずちゃんはめぐちゃんの2つ左

みんなはほたるを見たことがあるかな？
たくさんのほたるが暗闇で光っていると、
とても幻想的で美しいんじゃぞ。

044

15	左 ひだり	－	－	右 みぎ
名前 な まえ				
好きな文房具 す ぶんぼう ぐ				
つかまえた 季節の虫 き せつ むし				

答え
こた

メモ 問題を解くときに使ってね
もんだい と つか

さて、問題じゃ。

「トマト」、「新聞紙」、「理科係」に共通していることはなにかわかるかな？

では、ヒントじゃ。こう書いたらわかりやすいじゃろ。

「と・ま・と」、「しん・ぶ・んし」、「りか・が・かり」

もうわかったかな。そう、答えは後ろから読んでも同じということじゃ。
もう少し長く文章になっているものとしては
「竹藪焼けた（たけや・ぶ・やけた）」
「イカのダンスは済んだのかい（いかのだんす・は・すんだのかい）」
などがよく知られておるものじゃな。
このように、前から読んでも、後ろから読んでも同じで
意味がわかるものを『回文』というんじゃ。

＜問題＞

では、ここで問題じゃ。
次の○の中に文字を入れて回文を完成させてくれい。
漢字は一度、すべてをひらがなにするといいかもしれんの。

	問題	ヒント
A	確かに○○○	明日、必ず返すぞい
B	この○○○○○おいら○子	たぶん違うと思うんじゃが……
C	○○○トな○ー○ス	わしも機関車は大好きじゃ
D	○ンスが済んだ	もう終わってしまったのか!?
E	わたし○○○ま○○○	あまり強くなかったんじゃな
F	関係○○○○○	そう言わずに仲直りさせてあげてくれい！

解答は 122 ページへ

9

月
がつ

September

Level
レベル 6

問題 16 『虫のこえ』を歌いたい人はだれ？

チェック ヒント

☐ ① のびたくんはじんくんの3つ左

☐ ② ヒガンバナを好きな人は『茶つみ』を歌いたい

☐ ③ ホウセンカを好きな人はじんくんのとなり

☐ ④ キンモクセイを好きなのはりょうくん

☐ ⑤ リンドウを好きな人は『かくれんぼ』を歌いたい人のとなり

☐ ⑥ 『春が来た』を歌いたい人はかいとくんの右どなり

おっ、ここはヒント1がポイントじゃな。よ～く考えてみてくれい。ところで、みんなの名前はこれまでに出てきたかな？

16	左^{ひだり}	―	―	右^{みぎ}
名前^{なまえ}				
好きな^す季節の花^{きせつ はな}				
歌いたい歌^{うた うた}				

答^{こた}え

メモ　問題を解くときに使ってね^{もんだい と つか}

問題 17 ハンカチをおくった人はだれ？

チェック ヒント

- ☐ ① なすを好きな人はわかちゃんの3つ右
- ☐ ② きゅうりを好きな人はまやちゃんの3つとなり
- ☐ ③ おくらを好きな人はさあやちゃんの左どなり
- ☐ ④ かぼちゃを好きな人はシャツをおくった人のとなり
- ☐ ⑤ ボウシをおくった人はハンカチをおくった人より右
- ☐ ⑥ へれんちゃんはタオルをおくった

みんなは苦手な野菜はあるかな？　不思議なことに、学年が上がると食べられるようになることがあるんじゃぞ。

17	左	ー	ー	右
名前				
好きな 季節の野菜				
敬老の日に おくった もの				

答え

メモ　問題を解くときに使ってね

問題 18 パグを飼っている人はだれ？

チェック　ヒント

- ☐ ① ともぞうくんはたつやくんの2つ左
- ☐ ② やきそばを好きな人はシーズーを飼っている人のとなり
- ☐ ③ わたがしを好きな人はこうがくんの2つとなり
- ☐ ④ プードルを飼っている人はチワワを飼っている人の右どなり
- ☐ ⑤ 水ヨーヨーを好きな人は金魚すくいを好きな人の右どなり
- ☐ ⑥ ひろとくんは左から2番目にいる

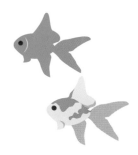

わたがしを食べたことはあるかな？　わしは食べるのも好きなんじゃが、一度わたがしを自分で作ってみたいんじゃよ。

18	左 ひだり	ー	ー	右 みぎ
名前 なまえ				
好きな お祭りの屋台 す まつ　やたい				
飼っている犬 か　　　　　いぬ				

答え
こた

メモ　問題を解くときに使ってね
もんだい　と　　　　　つか

さて、おもしろ漢字の第2弾じゃ。
今度は果物と野菜の名前じゃぞ。

問題①　上の段にある漢字の読み方を下の段から見つけ、線で結んでくれい。

柿	栗	梨	苺	桃	林檎
・	・	・	・	・	・
・	・	・	・	・	・
もも	くり	りんご	かき	いちご	なし

難問　問題②　○の中に字を入れて、果物や野菜の名前を完成させてくれい。

A　柚子＝ゆ○　　　　　　　B　胡瓜＝きゅ○○

C　西瓜＝す○○　　　　　　D　茄子＝な○

E　玉葱＝○○ね○　　　　　F　隠元＝い○げ○

超難問　問題③　○の中に字を入れて、果物や野菜の名前を完成させてくれい。

G　南瓜＝○ぼ○ゃ　　　　　H　蜜柑＝○か○

I　独活＝う○　　　　　　　J　牛蒡＝ご○う

K　檸檬＝○も○　　　　　　L　大蒜＝に○に○

<ヒント>

Aはお風呂に入れるといいかおりがするのう。
わしはKを紅茶に入れて飲むのが大好きなんじゃ。

解答は123ページへ ➡

10月
（がつ）

October

チェック ヒント

- ☐ ① くみちゃんはピアノをやりたい人の右どなり
- ☐ ② りんごを好きな人は習字をやりたい人の右どなり
- ☐ ③ くりを好きな人は右から2番目にいる
- ☐ ④ なしを好きな人は英会話をやりたい人の2つとなり
- ☐ ⑤ れいちゃんはそらちゃんより左
- ☐ ⑥ いちじくを好きな人はかきを好きな人の3つ右
- ☐ ⑦ まことちゃんはダンスをやりたい人の2つ右
- ☐ ⑧ ひろみちゃんはそろばんをやりたい人のとなり

みんなはどの果物が好きかな？　れいちゃんの好きな果物は……おぉっと!! 思わず答えを言ってしまうところじゃった。

19	左 ひだり	－	真ん中 ま なか	－	右 みぎ
名前 な まえ					
好きな す 季節の果物 き せつ　くだもの					
やりたい 習い事 なら ごと					

答え
こた

メモ　問題を解くときに使ってね
もんだい と つか

チェック　ヒント

☐ ① よしおくんとじゅんじくんは端にいる

☐ ② たかしくんはじゅんじくんの左どなり

☐ ③ 徒競走を好きなのはすねおくん

☐ ④ 玉入れを好きな人はグリーンのシューズ

☐ ⑤ 組体操を好きな人はもとやくんの3つ右

☐ ⑥ レッドのシューズの人はブルーのシューズの人の3つ右

☐ ⑦ リレーを好きな人はつなひきを好きな人の左どなり

☐ ⑧ ピンクのシューズの人はホワイトのシューズの人より左

わしが子どものころの運動会では、騎馬戦という荒っぽい競技があったんじゃ。いまでもやっている学校はあるかのう？

20	左 ひだり	―	真ん中 まなか	―	右 みぎ
名前 なまえ					
好きな 運動会の 競技 すうんどうかいきょうぎ					
シューズの色 いろ					

答え こた

メモ 問題を解くときに使ってね もんだい と つか

問題 21 よしみちゃんの なりたい職業は？

チェック　ヒント

☐ ① 原宿に行った人は女優になりたい人の4つ右

☐ ② けいちゃんは京都に行った人の左どなり

☐ ③ 花屋になりたい人ははなこちゃんのとなり

☐ ④ ナースになりたい人は日光に行った人の2つ左

☐ ⑤ らんちゃんは北海道に行った人のとなり

☐ ⑥ アイドルになりたい人は沖縄に行った

☐ ⑦ きくちゃんは弁護士になりたい人の右どなり

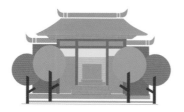

まずはヒント1を使うんじゃが、その次にどのヒントを使うのかがわかりにくいのう。ずばり、次はヒント4を使うんじゃよ。

060

21	左 ひだり	―	真ん中 まなか	―	右 みぎ
名前 なまえ					
なりたい 職業 しょくぎょう					
行った い 修学旅行先 しゅうがくりょこうさき					

答え こた

メモ 問題を解くときに使ってね もんだい と つか

『ひと筆書き』というのは、ペンを紙につけたら、一度もペンを紙から離さないで図形などを書くことを言うんじゃ。

同じ線を二度なぞるのも禁止されてるんで気をつけてくれい。
ただし、線と線が交差するのはOKじゃぞ。

例えばAの図形は、①のところから書き始めればひと筆書きで書けるわけじゃ。わかったかな？

A

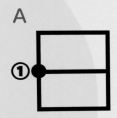

ところがじゃ、Bの図形を見てくれい。
これはどこから書き始めてもひと筆書きはできないんじゃ。
つまり、図形には、ひと筆書きで書けるものと、
ひと筆書きでは書けないものがあるんじゃ。

B

<問題>
では、問題じゃ。次のC、D、E、F、G、Hの6つの図形のうち、
どれがひと筆書きで書ける図形かを当ててくれい。

C

D

E

F

G

H

解答は 124 ページへ

11月
（がつ）

November

Level
レベル 8

チェック　ヒント

☐ ① しゃぶしゃぶを好きな人はひろしくんの4つとなり

☐ ② 野球選手になりたい人は歌手になりたい人の2つ右

☐ ③ 豆乳鍋を好きな人はらいとくんの右どなり

☐ ④ もつ鍋を好きな人は端にいる

☐ ⑤ すきやきを好きなのはみつおくん

☐ ⑥ アナウンサーになりたい人はきくぞうくんの左どなり

☐ ⑦ キムチ鍋を好きな人はもつ鍋を好きな人の2つ右

☐ ⑧ しょうたくんはお笑い芸人になりたい人の左どなり

おおっ、もう11月か。わしの好きな季節じゃ。さて、この問題はまずヒント4とヒント7をいっしょに考えるようじゃな。

22	左	ー	真ん中	ー	右
名前					
好きな鍋料理					
なりたい職業					

答え _____

メ モ　問題を解くときに使ってね

チェック　ヒント

☐ ① うのちゃんはよしえちゃんの2つ左

☐ ② うのちゃんはひなちゃんの2つ右

☐ ③ マット運動を好きな人は紫の着物の人の2つ左

☐ ④ 赤の着物の人は緑の着物の人より右

☐ ⑤ サッカーを好きな人はすみれちゃんの3つ左

☐ ⑥ バスケを好きな人は青の着物

☐ ⑦ とび箱を好きな人はまりんちゃんのとなり

☐ ⑧ リレーを好きな人は白の着物の人のとなり

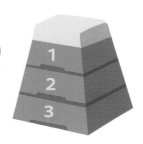

みんなは七五三のお祝いをしたかの? わしがやったのは50年も前のことじゃが、なんとなく覚えているぞい。

23	左 ひだり	―	真ん中 ま なか	―	右 みぎ
名前 な まえ					
好きな体育 す たいいく の授業 じゅぎょう					
七五三の しち ご さん 着物の色 き もの いろ					

答 え
こた

メ モ 　問題を解くときに使ってね
もんだい と つか

しろうくんの行きたい紅葉スポットは？

チェック ヒント

- ☐ ① ほたてを好きな人はこはだを好きな人の3つ左
- ☐ ② ほたてを好きな人はたいを好きな人の右どなり
- ☐ ③ ともやくんはしろうくんの2つ右
- ☐ ④ 養老渓谷に行きたい人は筑波山に行きたい人の3つ左
- ☐ ⑤ はまちを好きなのはゆうきくん
- ☐ ⑥ 長瀞に行きたいのはまさおくん
- ☐ ⑦ あじを好きな人はけんすけくんの3つ右
- ☐ ⑧ 箱根に行きたい人は六義園に行きたい人より左

養老渓谷は千葉県、箱根は神奈川県、六義園は東京都、筑波山は茨城県、長瀞は埼玉県にあるんじゃ。

24	左 ｜ 真ん中 ｜ 右

	左	―	真ん中	―	右
名前					
好きな おすし					
行きたい 紅葉スポット					

答え _____

メモ　問題を解くときに使ってね

みんな、『偶数』と『奇数』って知ってるかな？

実はこの2種類の数がひと筆書きができるかどうかに関係してくるんじゃ。例えば8個のアメがあったとするぞ。このアメを2人で分けると、4個ずつに分けられるじゃろ。このように2人で同じように分けられる数字を偶数というんじゃ。5個のアメは、2人で分けようとすると、1人は3個、もう1人は2個になって同じように分けることができないじゃろ。この数字を奇数というんじゃ。つまり、2、4、6、8は偶数、1、3、5、7、9は奇数と呼ぶんじゃ。ちなみに0も偶数なんじゃぞ。1の位が偶数ならば、その数字は偶数なんじゃ。例えば、49072や93160は、1の位がそれぞれ2と0だから偶数、447や886429は、1の位がそれぞれ7と9だから奇数なんじゃ。さて、説明が長くなってしまったので偶数と奇数がひと筆書きにどう関係してくるかを書くことができなくなってしまったようじゃ。続きは078ページを見てくれい。

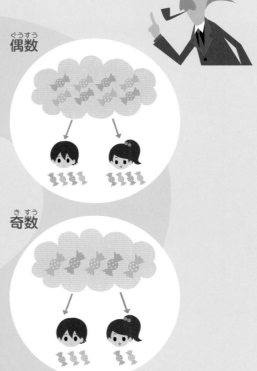

偶数

奇数

問題①

では、ここで問題じゃ。次の数字のうち、2人で同じように分けられる数字はどれかな？
分けられる数字（偶数）には○、分けられない数字（奇数）には×をつけてくれい。

5 (　)、8 (　)、24 (　)、27 (　)、223 (　)、
266 (　)、32768 (　)、12346789 (　)

超難問 問題②

続いて、より難しい問題を出すぞい。
次の数字のうち3人で同じように分けられる数字に○をつけてくれい。

6 (　)、11 (　)、16 (　)、21 (　)、257 (　)、
333 (　)、665 (　)、45792381 (　)

解答は125ページへ

がつ
月

December

Level
レベル
9

問題 25 アイスホッケーをやりたい人はだれ？

チェック　ヒント

- ☐ ① やよいちゃんの両どなりはももよちゃんとななちゃん
- ☐ ② 大富豪を好きな人はななちゃんの2つ右
- ☐ ③ 七並べを好きな人はななちゃんの2つ左
- ☐ ④ 神経衰弱を好きな人はやよいちゃんの左どなり
- ☐ ⑤ カーリングをやりたい人はボブスレーをやりたい人の右どなり
- ☐ ⑥ ババ抜きを好きなのはふねちゃん
- ☐ ⑦ ポーカーを好きな人はアイススケートをやりたい
- ☐ ⑧ スキージャンプをやりたいのはてつこちゃん

おっ、トランプ遊びか。昔はわしもナポレオンとか、セブンブリッジ、ダウト、ページワンなどをよくやったもんじゃ。

25	左 ひだり	ー	真ん中 ま なか	ー	右 みぎ
名前 な まえ					
好きな す トランプ遊び あそ					
やりたい 冬のスポーツ ふゆ					

答え
こた

メモ　問題を解くときに使ってね
もんだい と つか

チェック　ヒント

☐ ① カバンをもらった人は赤の手袋の人の2つ右

☐ ② ゆうやくんはまもるくんの4つ右

☐ ③ ゲームをもらった人は参考書をもらった人より左

☐ ④ とおるくんはゆうやくんのとなり

☐ ⑤ 腕時計をもらった人は黒の手袋

☐ ⑥ せなくんは白の手袋

☐ ⑦ くにおくんは紫の手袋の人の右どなり

☐ ⑧ 洋服をもらった人は青の手袋の人の2つとなり

ヒント2とヒント4を使ったあとが難しいようじゃのう。ここではヒント6とヒント7をいっしょに考えるんじゃよ。

26	左 ひだり	ー	真ん中 ま なか	ー	右 みぎ
名前 な まえ					
もらった クリスマス プレゼント					
手袋の色 てぶくろ いろ					

答え
こた

メモ　問題を解くときに使ってね
もんだい と つか

チェック　ヒント

☐ ① かよちゃんはショートケーキを食べた

☐ ② チョコケーキを食べた人はともみちゃんの3つ左

☐ ③ のぶよちゃんはねこを飼いたい

☐ ④ しずかちゃんはシフォンケーキを食べた人の2つとなり

☐ ⑤ チョコケーキを食べた人はかめを飼いたい人の右どなり

☐ ⑥ ロールケーキを食べた人はりすを飼いたい

☐ ⑦ チーズケーキを食べた人はとりを飼いたい

☐ ⑧ ありさちゃんはチーズケーキを食べた人の右どなり

だんだん難しくなってきたのう。まずヒント2とヒント5をいっしょに、次にヒント7とヒント8をいっしょに考えるんじゃ。

27	左 ひだり	―	真ん中 まなか	―	右 みぎ
名前 なまえ					
食べた ケーキ た					
飼いたい ペット か					

答え
こた

メモ　問題を解くときに使ってね
もんだい と つか

Aの図形を見てくれい。
図形の中には①や②のように線がいくつも交差しているところがあるじゃろ。

ひと筆書きができるかどうかは、この線が交差しているところがポイントになるんじゃ。

A

B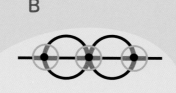

C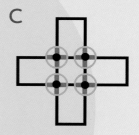

まず、①の部分を見てくれい。
線が交差している点から出ている線の数は4本じゃ。②はどうじゃろ？　②も同じように4本の線が出ているようじゃな。070ページにあるように、4というのは偶数じゃ。つまり、Aの図形の交差しているところは、すべて偶数の線が出ていることになる。BもCも線が交差している部分からは偶数の線が出ているじゃろ。こういう図形は、みんなひと筆書きができるんじゃ。

D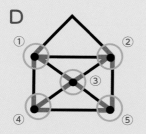

では、次にDの図形を見てくれい。①と②と③のところは偶数の線じゃが、④と⑤は3本の線、つまり奇数の線が出ているようじゃ。交差しているところの2カ所だけ奇数の線で、残りがすべて偶数の線の場合もひと筆書きはできるんじゃ。この場合、ひと筆書きを始める場所は奇数のところからで、終わる場所はもうひとつの奇数の場所になるんじゃ。

＜問題＞

それでは問題じゃ。E、F、Gの図形のうち、ひと筆書きができるのはどれかな？

E

F

G

解答は 126 ページへ

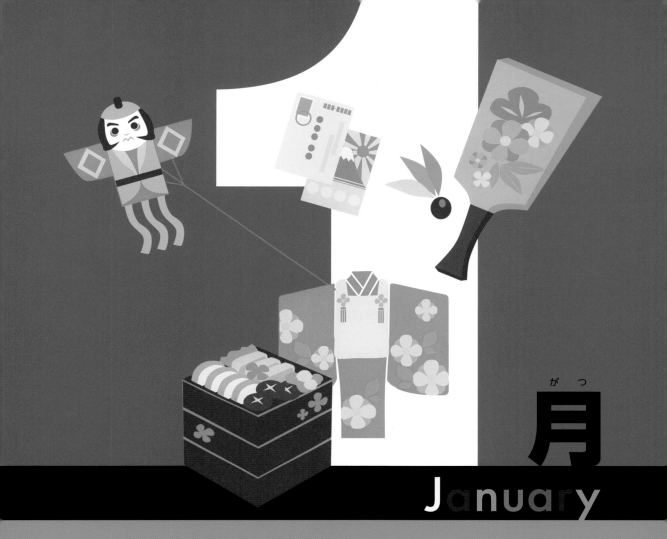

月 <ruby>がつ</ruby>

January

Level
レベル 10

問題 28 体操をやりたい人はだれ？

チェック　ヒント

☐ ① 水泳をやりたい人は体操をやりたい人より左

☐ ② サッカーをやりたい人はバイオリンをやりたい人の3つ右

☐ ③ 『謹賀新年』と書いたのはわたるくん

☐ ④ 『賀正』と書いた人はわたるくんの2つ左

☐ ⑤ 『謹賀新年』と書いた人はよしはるくんの2つ左

☐ ⑥ 2万円もらった人は5千円もらった人の2つ右

☐ ⑦ みずきくんはたいがくんの右どなり

☐ ⑧ 『迎春』と書いた人は1万円もらった人の左どなり

☐ ⑨ 『あけおめ』と書いたのはきんいちくん

☐ ⑩ 野球をやりたい人は3千円もらった

☐ ⑪ 『ことよろ』と書いた人は4万円もらった

28	左 ひだり	ー	真ん中 ま なか	ー	右 みぎ
名前 な まえ					
やりたい 習い事 なら ごと					
年賀状に ねんがじょう 書いた言葉 か ことば					
もらった お年玉 としだま					

答え
こた

メモ　問題を解くときに使ってね
もんだい と つか

こ、こ、これは実に難しい問題じゃの。ヒ
じつ むずか もんだい
ント3とヒント4とヒント5の3つをいっ
しょに考えなければならないんじゃ。
かんが

チェック **ヒント**

- ☐ ① りかちゃんは緑の晴れ着
- ☐ ② いずみちゃんは黒の晴れ着の人の3つ左
- ☐ ③ 在原業平を好きな人はだてまきを食べた人の3つ右
- ☐ ④ 紀貫之を好きな人はくりきんとんを食べた人の2つとなり
- ☐ ⑤ 清少納言を好きな人は右から2番目にいる
- ☐ ⑥ くるみちゃんは赤の晴れ着の人の右どなり
- ☐ ⑦ 小野小町を好きな人はおぞうにを食べた
- ☐ ⑧ さちちゃんはほのかちゃんより右
- ☐ ⑨ かずのこを食べた人は左端にいる
- ☐ ⑩ 紫式部を好きな人は白の晴れ着
- ☐ ⑪ 青の晴れ着の人はかまぼこを食べた

29	左	―	真ん中	―	右
名前					
好きな歌人					
食べたおせち料理					
晴れ着の色					

答え

メモ 問題を解くときに使ってね

ここまで来たみんななら、もう慣れてきたと思うが、この問題も途中で2つのヒントをいっしょに使うところが出てくるぞい。

チェック ヒント

- ① りょうたくんはまさとしくんの右どなり
- ② ときを好きな人はこまちを好きな人の2つとなり
- ③ かるたをやった人は福わらいをやった人の3つ左
- ④ あさまを好きな人は『熱意』と書いた人の左どなり
- ⑤ ゆういちくんは『健康』と書いた人の左どなり
- ⑥ やまびこを好きな人は『努力』と書いた人の右どなり
- ⑦ つばめを好きな人はこまちを好きな人の2つ右
- ⑧『希望』と書いた人はたこあげをやった
- ⑨『平和』と書いた人はすごろくをやった人の3つ右
- ⑩ けんじくんははねつきをやった

30	左	―	真ん中	―	右
名前					
好きな新幹線					
書初めで書いた言葉					
やった遊び					

答え _____

メモ　問題を解くときに使ってね

この問題も2つのヒントをいっしょに考えるところがあるぞい。キーワードは新幹線の名前じゃぞ。

みんな〜、これ知ってる？ ⑩おもしろ漢字Ⅲ

さて、おもしろ漢字の第3弾じゃ。
今度は植物の名前じゃぞ。

問題① 上の段にある漢字の読み方を下の段から見つけ、線で結んでくれい。

桜	菊	梅	百合	水仙	椿
·	·	·	·	·	·
·	·	·	·	·	·

ゆり	さくら	すいせん	きく	つばき	うめ

難問 問題② ○の中に字を入れて、植物の名前を完成させてくれい。

A 撫子＝な○し○ B 向日葵＝ひ○○り

C 沈丁花＝○○ちょう○ D 牡丹＝ぼ○ん

E 花梨＝○りん F 桔梗＝き○ょ○

超難問 問題③ ○の中に字を入れて、植物の名前を完成させてくれい。

G 薔薇＝○ら H 紫陽花＝○じさ○

I 竜胆＝り○○う J 蒲公英＝○ん○○

K 土筆＝つ○○ L 胡桃＝○る○

＜ヒント＞
Aは女子サッカー日本代表の愛称でもあるのう。
JやKは春になると見ることができるぞ。Lのカラはものすごく固いんじゃ。

解答は127ページへ

February

月

Level
レベル 11

チェック　ヒント

☐ ① 枕草子に興味のある人はおりえちゃん

☐ ② ピザまんを食べたのはゆまちゃん

☐ ③ きくえちゃんはあんまんを食べた人のとなり

☐ ④ ホットカーペットを好きな人は真ん中にいる

☐ ⑤ 火鉢を好きな人はチーズまんを食べた人のとなり

☐ ⑥ ストーブを好きな人は暖炉を好きな人の右どなり

☐ ⑦ ストーブを好きな人はカレーまんを食べた人の左どなり

☐ ⑧ 徒然草に興味のある人はえみちゃんの2つ右

☐ ⑨ エアコンを好きな人は肉まんを食べた人の右どなり

☐ ⑩ 平家物語に興味のある人はろうらちゃんのとなり

☐ ⑪ ろうらちゃんは日本書紀に興味のある人の2つとなり

31	左	ー	真ん中	ー	右
名前					
好きな暖房器具					
食べた中華まん					
興味のある書物					

答え _____

メモ 問題を解くときに使ってね

なんと、この問題は2つのヒントをいっしょに考えるところが2カ所あるぞい。ひとつ目はストーブがポイントじゃぞ。

問題 32 リスを好きな人はだれ？

チェック **ヒント**

- [ ] ① カメを好きなのはけいじくん

- [ ] ② つばさくんは首里城を見たい人のとなり

- [ ] ③ 20個チョコをもらった人は右から2番目にいる

- [ ] ④ コウモリを好きな人はせいやくんの3つとなり

- [ ] ⑤ 姫路城を見たい人は左から2番目にいる

- [ ] ⑥ クマを好きな人はヘビを好きな人の左どなり

- [ ] ⑦ 法隆寺を見たい人は2個チョコをもらった人のとなり

- [ ] ⑧ 厳島神社を見たい人は原爆ドームを見たい人の左どなり

- [ ] ⑨ しゅうとくんは10個チョコをもらった人のとなり

- [ ] ⑩ 厳島神社を見たい人は4個チョコをもらった

- [ ] ⑪ 6個チョコをもらったのはたけしくん

32	左	―	真ん中	―	右
名前					
好きな冬眠する生物					
見たい世界遺産					
もらったチョコの数					

答え

メモ 問題を解くときに使ってね

みんなはここに出てくる世界遺産を見たことがあるかな？　大人になったら、ぜひ一度は見てみてくれい。

ときえちゃんの
やりたい雪遊びは？

チェック　ヒント

☐ ① もなちゃんは雪そりをやりたい

☐ ② 電池の授業を好きな人は白のマフラー

☐ ③ 熱の授業を好きな人は雪がっせんをやりたい人のとなり

☐ ④ 黒のマフラーの人は左端にいる

☐ ⑤ 星の授業を好きな人は雪だるま作りをやりたい人の3つ左

☐ ⑥ 茶のマフラーの人は緑のマフラーの人の2つ左

☐ ⑦ さゆりちゃんは青のマフラー

☐ ⑧ スキーをやりたい人は緑のマフラーの人の右どなり

☐ ⑨ てこの授業を好きな人は雪のすべり台をやりたい人より左

☐ ⑩ 水溶液の授業を好きなのはめぐみちゃん

☐ ⑪ えまちゃんはときえちゃんより右

33	左	―	真ん中	―	右
名前					
好きな理科の授業					
やりたい雪遊び					
マフラーの色					

答え _____

メモ　問題を解くときに使ってね

スキーは楽しいのう。ただ、あんまり夢中になってやっていると、翌日、足腰が痛くて大変なんじゃ。わしも年じゃのう。

070ページや125ページで
2人や3人で同じ数に分けることができる数について書いたが、
これはそれぞれ2で割り切れる数、3で割り切れる数と表現するんじゃ。
このページでは、ついでといってはなんじゃが、

4や5や6で割り切れる数の見分け方を紹介するぞい。

まず、4で割り切れるかどうかを見分ける方法じゃ。

10の位と1の位だけに注目じゃ。この数字を半分にして、
それが偶数だったら4で割り切れることになるんじゃ。
例えば3796584の場合は、84だけに注目。
84を2で割ると42。42は偶数だから、3796584は4で割り切れる数になるんじゃ。

次に、5で割り切れることを見分ける方法じゃ。

これは1の位だけに注目。1の位が0か5なら5で割り切れるんじゃ。
例えば99682365は、1の位が5だから5で割り切れる数なんじゃぞ。

最後に、6で割り切れるかどうかの見分け方じゃ。

これは、いままでの2つの方法を組み合わせるんじゃ。
それは2と3の方法じゃ。
まず、その数字が偶数であること。
そして、それぞれの位の合計が3か6か9になればいいんじゃ。
例えば7928256は、1の位が6なので偶数。
そして、7＋9＋2＋8＋2＋5＋6＝39。3＋9＝12。1＋2＝3。
だから7928256は、6で割り切れる数なんじゃ。

いろいろな数を書いて、友達と試してみるのもおもしろそうじゃの。

月
（がつ）

March

Level
レベル 12

問題 34 すみれを好きな人はだれ？

☐ ① エルガーを尊敬する人はやいばくんの3つとなり

☐ ② シューベルトを尊敬する人は左端にいる

☐ ③ ハイドンを尊敬する人は富士山に登った

☐ ④ こぶしを好きな人は阿蘇山に登った人の3つとなり

☐ ⑤ さくらを好きな人はあんずを好きな人の右どなり

☐ ⑥ ワグナーを尊敬する人はあつしくんの4つとなり

☐ ⑦ 高尾山に登った人はかずくんの2つ右

☐ ⑧ ヘンデルを尊敬する人はそうたくんの左どなり

☐ ⑨ ももを好きな人は大雪山に登った

☐ ⑩ むつとくんは六甲山に登った

34	ひだり 左	―	まなか 真ん中	―	みぎ 右
なまえ 名前					
す 好きな きせつ はな 季節の花					
そんけい 尊敬する おんがく か 音楽家					
のぼ やま 登った山					

こた
答え _____

もんだい と つか
メモ 問題を解くときに使ってね

おんがく す
みんなはクラシック音楽は好きかな?
き べんきょう
わしはクラシックを聴きながら勉強する
ちょうし
と、なぜか調子がよくなるんじゃ!!

チェック **ヒント**

☐ ① あつこちゃんはピカソを尊敬する人の3つ右

☐ ② ムンクを尊敬する人はれなちゃんのとなり

☐ ③ さとみちゃんは長良川に行った人のとなり

☐ ④ はるかちゃんは石狩川に行った

☐ ⑤ クッキーをもらった人はアメをもらった人の2つ右

☐ ⑥ グミをもらった人はガムをもらった人の2つ左

☐ ⑦ チョコをもらった人はルノアールを尊敬する人の右どなり

☐ ⑧ ゴッホを尊敬する人はアメをもらった人の左どなり

☐ ⑨ 四万十川に行った人は信濃川に行った人の右どなり

☐ ⑩ セザンヌを尊敬するのはむつみちゃん

35	左	―	真ん中	―	右
名前					
ホワイトデーにもらったもの					
尊敬する画家					
行った川					

答え _____

メモ　問題を解くときに使ってね

これはかなりの難問じゃな。大人でも難しいぞい。まずは『ホワイトデーにもらったもの』に注目するといいかもしれんの。

問題 36 琵琶湖に行った人はだれ？

チェック ヒント

☐ ① だいちくんは支笏湖に行った

☐ ② とちおとめを好きな人は紅ほっぺを好きな人の左どなり

☐ ③ 夏目漱石を尊敬する人は左端にいる

☐ ④ ひろゆきくんは川端康成を尊敬する人の2つ右

☐ ⑤ ゆうとくんは浜名湖に行った人の2つとなり

☐ ⑥ 猪苗代湖に行った人は真ん中にいる

☐ ⑦ あまおうを好きな人は森鴎外を尊敬する人の左どなり

☐ ⑧ 正岡子規を尊敬する人は宍道湖に行った人のとなり

☐ ⑨ さがほのかを好きな人は右端にいる

☐ ⑩ とよのかを好きな人は太宰治を尊敬する

☐ ⑪ もとみちくんは右から2番目にいる

☐ ⑫ けんやくんはゆうとくんのとなり

36	左	―	真ん中	―	右
名前					
好きなイチゴ					
尊敬する文豪					
行った湖					

答え _____

メモ　問題を解くときに使ってね

ついに最後の問題じゃな。これもまた難問じゃが、みんなならできるはずじゃ。頑張って考えてみてくれい!!

さて、おもしろ漢字もこれが最後じゃ。
今度は魚に関係する名前じゃぞ。

問題①　上の段にある漢字の読み方を下の段から見つけ、線で結んでくれい。

鮭	穴子	平目	鮎	鯛	鯉
・	・	・	・	・	・
・	・	・	・	・	・
あゆ	こい	あなご	たい	さけ	ひらめ

難問 問題②　○の中に字を入れて、魚の名前を完成させてくれい。

A　秋刀魚＝○ん○

B　公魚＝わ○さ○

C　河豚＝○ぐ

D　鮟鱇＝○○こう

E　鮫＝○め

F　鯰＝な○○

超難問 問題③　○の中に字を入れて、魚の名前を完成させてくれい。
※これらは『魚へん』の漢字じゃが、魚ではないものの名前じゃぞ。

G　鮑＝あ○び

H　鰐＝○に

I　鮨＝○○

J　鱗＝う○○

K　鰓＝え○

L　鯨＝○○ら

<ヒント>
EとHは強そうじゃの。Iはわしの大好物じゃ。
Lを見たことがあるが、本当に大きかったぞい。

解答は 127 ページへ

102

【解答の＜ヒントの順番例＞の見方】

＜ヒントの順番例＞の順にヒントを使うと、答えを導き出すことができます。

【①＆②】と表記されているものは、ヒント①とヒント②をいっしょに考えてください。

『問題文』と書かれているところは、問題文をヒントとして使うことを表しています。

Answer かいとう

＜ヒントの順番例＞
①②③④⑤⑥問題文

答え
【ゆきちゃん】

1	左 ひだり	真ん中 まなか	右 みぎ
名前 なまえ	あや	まみ	ゆき
好きな季節の花 すきなきせつのはな	すずらん	ひなげし	はなみずき
クラス	3組 くみ	1組 くみ	2組 くみ

＜ヒントの順番例＞
②③⑤①④⑥問題文

答え
【はるとくん】

2	左 ひだり	真ん中 まなか	右 みぎ
名前 なまえ	ともき	はると	さとし
好きな遊び すきなあそび	かくれんぼ	おにごっこ	かんけり
ランドセルの色 いろ	赤 あか	黒 くろ	青 あお

<ヒントの順番例>
①②⑤④③⑥問題文

答え
【あすかちゃん】

③	左	真ん中	右
名前	もえ	あすか	まり
好きな勉強	音楽	図工	読書
つかまえた季節の虫	アメンボ	テントウムシ	イナゴ

<ヒントの順番例>
⑤⑥③①②④問題文

答え
【たくみくん】

④	左	真ん中	右
名前	ゆうじ	だいき	たくみ
好きなこいのぼり	緋鯉	真鯉	子鯉
食べたい給食	ハンバーグ	コロッケ	スパゲティ

Answer かいとう

<ヒントの順番例>
②④①⑤③問題文

答え
【みらいちゃん】

5	左	真ん中	右
名前	みらい	める	かな
好きな季節の花	バラ	ヒルガオ	サツキ
読んだ昔話	かぐや姫	かちかち山	ももたろう

<ヒントの順番例>
③⑤②④①問題文

答え
【ふくくん】

6	左	真ん中	右
名前	ふく	まさと	なつみ
好きな祝日	こどもの日	憲法記念日	みどりの日
得意な勉強	国語	体育	算数

＜ヒントの順番例＞
【①&②】⑤③④問題文

答え
【さらちゃん】

7	左	真ん中	右
名前	あいら	みい	さら
好きな遊び	ぬり絵	おりがみ	ままごと
傘の色	赤	青	緑

＜ヒントの順番例＞
①③④⑤②問題文

答え
【ひろきくん】

8	左	真ん中	右
名前	しんじ	かずや	ひろき
行きたい遠足の場所	水族館	美術館	博物館
つかまえた季節の虫	カタツムリ	ダンゴムシ	カマキリ

107

Answer かいとう

<ヒントの順番例>
①②④③⑤

答え
【ピンク】

⑨	左 ひだり	真ん中 ま なか	右 みぎ
名前 な まえ	まき	はるな	いるま
好きな季節の花 す き せつ はな	くちなし	あじさい	ききょう
長靴の色 ながぐつ いろ	ホワイト	ピンク	パープル

<ヒントの順番例>
②④⑥⑦①⑤③問題文
もんだいぶん

答え
【メロンアイス】

⑩	左 ひだり	ー	ー	右 みぎ
名前 な まえ	しょう	まさし	たくや	せいじ
好きな す 季節の花 き せつ はな	ひまわり	さるすべり	あさがお	こすもす
食べたアイス た	バニラアイス	ミントアイス	イチゴアイス	メロンアイス

<ヒントの順番例>
①②④⑤⑥③⑦問題文

こた
答え
【こと】

11	左	ー	ー	右
名前	こまち	しず	ほなみ	のん
好きな和楽器	こと	しゃみせん	たいこ	しゃくはち
怖いところ	夜のトイレ	夜の学校	夜の病院	夜のお墓

<ヒントの順番例>
①③④②⑤⑥⑦問題文

こた
答え
【さとるくん】

12	左	ー	ー	右
名前	ゆたか	さとる	ごろう	じゅん
得意な夏休みの宿題	絵日記	工作	自由研究	読書感想文
行きたい外国	ブラジル	メキシコ	アメリカ	カナダ

Answer かいとう

<ヒントの順番例>
⑥⑦①③④②⑤

答え
【あきなちゃん】

13	左 ひだり	ー	ー	右 みぎ
名前 な まえ	やすは	もも	あきな	みち
得意な計算 とく い けいさん	かけ算 ざん	ひき算 ざん	たし算 ざん	わり算 ざん
行った旅行先 い りょこうさき	東北 とうほく	四国 しこく	北海道 ほっかいどう	九州 きゅうしゅう

<ヒントの順番例>
①⑥②③⑤④⑦問題文
もんだいぶん

答え
【ふじおくん】

14	左 ひだり	ー	ー	右 みぎ
名前 な まえ	たいち	けん	なみへい	ふじお
好きな花火 す はな び	ロケット花火 はな び	打ち上げ花火 う あ はな び	ねずみ花火 はな び	線香花火 せんこうはな び
楽しかった思い出 たの おも で	山登り やまのぼ	海水浴 かいすいよく	探検 たんけん	肝試し きもだめ

＜ヒントの順番例＞
①②⑤⑥③④問題文

答え
【こずえちゃん】

15	左 ひだり	―	―	右 みぎ
名前 な まえ	ふゆみ	すず	こずえ	めぐ
好きな文房具 す ぶんぼう ぐ	ボールペン	ノート	ファイル	コンパス
つかまえた 季節の虫 き せつ むし	せみ	かぶとむし	ほたる	くわがた

＜ヒントの順番例＞
①③④⑥②⑤問題文

答え
【りょうくん】

16	左 ひだり	―	―	右 みぎ
名前 な まえ	のびた	りょう	かいと	じん
好きな す 季節の花 き せつ はな	ヒガンバナ	キンモクセイ	ホウセンカ	リンドウ
歌いたい歌 うた うた	『茶つみ』 ちゃ	『虫のこえ』 むし	『かくれんぼ』	『春が来た』 はる き

Answer かいとう

<ヒントの順番例>
①②③⑥④⑤

答え
【わかちゃん】

17	左（ひだり）	―	―	右（みぎ）
名前（なまえ）	わか	へれん	さあや	まや
好きな（す）季節の野菜（きせつ）（やさい）	きゅうり	おくら	かぼちゃ	なす
敬老の日に（けいろう）（ひ）おくったもの	ハンカチ	タオル	ボウシ	シャツ

<ヒントの順番例>
⑥①③⑤②④問題文（もんだいぶん）

答え
【ともぞうくん】

18	左（ひだり）	―	―	右（みぎ）
名前（なまえ）	ともぞう	ひろと	たつや	こうが
好きな（す）お祭りの屋台（まつ）（やたい）	やきそば	わたがし	金魚すくい（きんぎょ）	水ヨーヨー（みず）
飼っている犬（か）（いぬ）	パグ	シーズー	チワワ	プードル

＜ヒントの順番例＞
③⑥②④⑦①⑧⑤

答え
【なし】

19	左	―	真ん中	―	右
名前	れい	そら	まこと	ひろみ	くみ
好きな季節の果物	なし	かき	りんご	くり	いちじく
やりたい習い事	ダンス	習字	英会話	ピアノ	そろばん

＜ヒントの順番例＞
【①＆②】⑤⑤③⑦④⑥⑧

答え
【よしおくん】

20	左	―	真ん中	―	右
名前	よしお	もとや	すねお	たかし	じゅんじ
好きな運動会の競技	リレー	つなひき	徒競走	玉入れ	組体操
シューズの色	ピンク	ブルー	ホワイト	グリーン	レッド

Answer かいとう

<ヒントの順番例>
①④⑥②⑤⑦③問題文

答え
【アイドル】

21	左（ひだり）	―	真ん中（まなか）	―	右（みぎ）
名前（なまえ）	けい	らん	よしみ	はなこ	きく
なりたい職業（しょくぎょう）	女優（じょゆう）	ナース	アイドル	弁護士（べんごし）	花屋（はなや）
行った（いった）修学旅行先（しゅうがくりょこうさき）	北海道（ほっかいどう）	京都（きょうと）	沖縄（おきなわ）	日光（にっこう）	原宿（はらじゅく）

<ヒントの順番例>
【④&⑦】①③⑤⑧⑥②問題文

答え
【みつおくん】

22	左（ひだり）	―	真ん中（まなか）	―	右（みぎ）
名前（なまえ）	ひろし	みつお	らいと	しょうた	きくぞう
好きな（すきな）鍋料理（なべりょうり）	もつ鍋（なべ）	すきやき	キムチ鍋（なべ）	豆乳鍋（とうにゅうなべ）	しゃぶしゃぶ
なりたい職業（しょくぎょう）	歌手（かしゅ）	パイロット	野球選手（やきゅうせんしゅ）	アナウンサー	お笑い芸人（わらいげいにん）

＜ヒントの順番例＞
【①＆②】⑤⑦③⑥⑧④

答え
【ひなちゃん】

23	左	―	真ん中	―	右
名前	ひな	まりん	うの	すみれ	よしえ
好きな体育の授業	サッカー	マット運動	とび箱	リレー	バスケ
七五三の着物の色	緑	赤	白	紫	青

＜ヒントの順番例＞
【①＆②】⑦⑤③⑥④⑧

答え
【箱根】

24	左	―	真ん中	―	右
名前	けんすけ	しろう	ゆうき	ともや	まさお
好きなおすし	たい	ほたて	はまち	あじ	こはだ
行きたい紅葉スポット	養老渓谷	箱根	六義園	筑波山	長瀞

Answer かいとう

<ヒントの順番例>
【②&③】【①&④】⑥⑦⑧⑤問題文

答え
【ももよちゃん】

25	左	ー	真ん中	ー	右
名前	てつこ	ふね	なな	やよい	ももよ
好きな トランプ遊び	七並べ	ババ抜き	神経衰弱	ポーカー	大富豪
やりたい 冬のスポーツ	スキー ジャンプ	ボブスレー	カーリング	アイス スケート	アイス ホッケー

<ヒントの順番例>
②④【⑥&⑦】①⑤⑧③

答え
【まもるくん】

26	左	ー	真ん中	ー	右
名前	まもる	くにお	せな	とおる	ゆうや
もらった クリスマス プレゼント	ゲーム	洋服	参考書	カバン	腕時計
手袋の色	紫	赤	白	青	黒

<ヒントの順番例>
【②&⑤】【⑦&⑧】①③④問題文

答え
【ともみちゃん】

27	左 ひだり	－	真ん中 まなか	－	右 みぎ
名前 なまえ	かよ	のぶよ	しずか	ありさ	ともみ
食べた ケーキ た	ショート ケーキ	チョコ ケーキ	チーズ ケーキ	ロール ケーキ	シフォン ケーキ
飼いたい ペット か	かめ	ねこ	とり	りす	うさぎ

<ヒントの順番例>
【③&④&⑤】⑦⑨⑧⑪⑥⑩②①

答え
【きんいちくん】

28	左 ひだり	－	真ん中 まなか	－	右 みぎ
名前 なまえ	たいが	みずき	わたる	きんいち	よしはる
やりたい 習い事 なら ごと	野球 やきゅう	バイオリン	水泳 すいえい	体操 たいそう	サッカー
年賀状に 書いた言葉 ねんがじょう か ことば	『賀正』 がしょう	『迎春』 げいしゅん	『謹賀新年』 きん が しんねん	『あけおめ』	『ことよろ』
もらった お年玉 としだま	3千円 ぜんえん	5千円 せんえん	1万円 まんえん	2万円 まんえん	4万円 まんえん

Answer かいとう

＜ヒントの順番例＞
⑤⑨③⑦④⑩⑪②【①＆⑥】⑧

答え（こた）
【赤（あか）】

29	左（ひだり）	―	真ん中（まなか）	―	右（みぎ）
名前（なまえ）	いずみ	りか	ほのか	くるみ	さち
好きな歌人（すきなかじん）	紫式部（むらさきしきぶ）	紀貫之（きのつらゆき）	小野小町（おののこまち）	清少納言（せいしょうなごん）	在原業平（ありわらのなりひら）
食べたおせち料理（たべたおせちりょうり）	かずのこ	だてまき	おぞうに	くりきんとん	かまぼこ
晴れ着の色（はれぎのいろ）	白（しろ）	緑（みどり）	赤（あか）	黒（くろ）	青（あお）

＜ヒントの順番例＞
【②＆⑦】【④＆⑥】⑨③⑧⑤⑩①問題文（もんだいぶん）

答え（こた）
【『熱意』（ねつい）】

30	左（ひだり）	―	真ん中（まなか）	―	右（みぎ）
名前（なまえ）	ゆういち	まさとし	りょうた	けんじ	れなと
好きな新幹線（すきなしんかんせん）	とき	やまびこ	こまち	あさま	つばめ
書初めで書いた言葉（かきぞめでかいたことば）	『努力』（どりょく）	『健康』（けんこう）	『希望』（きぼう）	『平和』（へいわ）	『熱意』（ねつい）
やった遊び（あそび）	すごろく	かるた	たこあげ	はねつき	福わらい（ふく）

＜ヒントの順番例＞
④【⑥&⑦】⑨⑤【②&③】⑧①⑩⑪問題文

答え
【ゆまちゃん】

31	左	－	真ん中	－	右
名前	ゆま	えみ	きくえ	ろうら	おりえ
好きな暖房器具	暖炉	ストーブ	ホットカーペット	火鉢	エアコン
食べた中華まん	ピザまん	あんまん	カレーまん	肉まん	チーズまん
興味のある書物	源氏物語	日本書紀	平家物語	徒然草	枕草子

＜ヒントの順番例＞
③⑤【⑧&⑩】⑦②⑨⑪④①⑥問題文

答え
【たけしくん】

32	左	－	真ん中	－	右
名前	せいや	しゅうと	けいじ	つばさ	たけし
好きな冬眠する生物	クマ	ヘビ	カメ	コウモリ	リス
見たい世界遺産	法隆寺	姫路城	厳島神社	原爆ドーム	首里城
もらったチョコの数	10個	2個	4個	20個	6個

Answer かいとう

<ヒントの順番例>
④【⑥&⑧】⑤⑨③①②⑦⑩⑪

答え
【雪がっせん】

33	左(ひだり)	ー	真ん中(まなか)	ー	右(みぎ)
名前(なまえ)	もな	ときえ	さゆり	めぐみ	えま
好きな理科の授業(すきなりかのじゅぎょう)	星(ほし)	てこ	熱(ねつ)	水溶液(すいようえき)	電池(でんち)
やりたい雪遊び(ゆきあそび)	雪そり(ゆき)	雪がっせん(ゆき)	雪のすべり台(ゆきだい)	雪だるま作り(ゆきづくり)	スキー
マフラーの色(いろ)	黒(くろ)	茶(ちゃ)	青(あお)	緑(みどり)	白(しろ)

<ヒントの順番例>
②⑥①⑧③⑦⑩④⑨⑤問題文(もんだいぶん)

答え
【やいばくん】

34	左(ひだり)	ー	真ん中(まなか)	ー	右(みぎ)
名前(なまえ)	あつし	むつと	かず	そうた	やいば
好きな季節の花(すきなきせつのはな)	あんず	さくら	もも	こぶし	すみれ
尊敬する音楽家(そんけいするおんがくか)	シューベルト	エルガー	ヘンデル	ハイドン	ワグナー
登った山(のぼったやま)	阿蘇山(あそさん)	六甲山(ろっこうさん)	大雪山(だいせつざん)	富士山(ふじさん)	高尾山(たかおさん)

<ヒントの順番例>
【⑤&⑥&⑦&⑧】①⑩②【③&④】⑨問題文

答え
【さとみちゃん】

35	左	ー	真ん中	ー	右
名前	はるか	さとみ	むつみ	れな	あつこ
ホワイトデーにもらったもの	グミ	アメ	ガム	クッキー	チョコ
尊敬する画家	ゴッホ	ピカソ	セザンヌ	ルノアール	ムンク
行った川	石狩川	利根川	長良川	信濃川	四万十川

<ヒントの順番例>
③⑥⑨⑪④【②&⑦&⑩】⑧【①&⑤&⑫】問題文

答え
【けんやくん】

36	左	ー	真ん中	ー	右
名前	だいち	けんや	ゆうと	もとみち	ひろゆき
好きなイチゴ	あまおう	とちおとめ	紅ほっぺ	とよのか	さがほのか
尊敬する文豪	夏目漱石	森鷗外	川端康成	太宰治	正岡子規
行った湖	支笏湖	琵琶湖	猪苗代湖	宍道湖	浜名湖

121

③おもしろ漢字Ⅰ

問題①

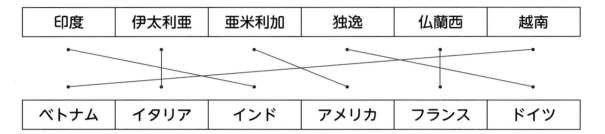

印度	伊太利亜	亜米利加	独逸	仏蘭西	越南

ベトナム	イタリア	インド	アメリカ	フランス	ドイツ

難問　問題②

A	洪牙利＝ハンガリー	B	阿蘭陀＝オランダ
C	南阿弗利加＝ミナミアフリカ	D	加奈陀＝カナダ
E	知里＝チリ	F	亜爾然丁＝アルゼンチン

⑤回文

A	確かに貸した
B	このライオンおいらの子
C	スマートなトーマス
D	ダンスが済んだ
E	わたし負けましたわ
F	関係ないケンカ

『トマトとトマト』わしが考えた回文なんじゃが、これじゃあダメかのう?

問題①

柿	栗	梨	苺	桃	林檎

もも	くり	りんご	かき	いちご	なし

難問 問題②

A　柚子＝ゆず

B　胡瓜＝きゅうり

C　西瓜＝すいか

D　茄子＝なす

E　玉葱＝たまねぎ

F　隠元＝いんげん

超難問 問題③

G　南瓜＝かぼちゃ

H　蜜柑＝みかん

I　独活＝うど

J　牛蒡＝ごぼう

K　檸檬＝れもん

L　大蒜＝にんにく

胡瓜、西瓜、南瓜に使われている"瓜"という漢字は「うり」と読むんじゃよ。"爪"という漢字によく似ているが、ちょっと違うんじゃ。さて、果物と野菜の違いじゃが、木になるものを果物、それ以外を野菜と定義することが多いようじゃ。だから、イチゴやスイカ、メロンのように木にならないものは野菜に分類されるんじゃよ。

⑦ひと筆書きI

ひと筆書きができるのは、ＣとＤとＥとＧとＨ。
つまりＦ以外はみんなひと筆書きができるんじゃ。

C

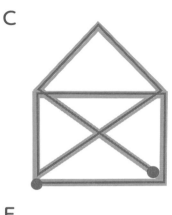

D

E

G

H

5（×）、8（○）、24（○）、27（×）、223（×）、266（○）、32768（○）、12346789（×）

6（○）、11（×）、16（×）、21（○）257（×）、333（○）、665（×）、45792381（○）

3人で同じように分けられる数の問題は難しかったじゃろうな。

わり算の得意な子はできたじゃろうが、わり算ができなくても

3人で同じように分けられるかどうかがわかる方法を伝授しよう。

意外と簡単で、それぞれの位の数を足して3か6か9になれば

それは3人で同じに分けられるんじゃ。

例えば7827は、7＋8＋2＋7＝24となるじゃろ。

さらにこの24を2＋4＝6とする。

最後に6となったので、

7827は3人で同じに分けれらる数ということになるのじゃよ。

各位の数字から3や6や9を引いてから計算しても結果は同じになるんだぞい。7827なら、千の位の7は（7−6で）1に、百の位の8は（8−6で）2に、十の位の2はそのまま、一の位の7は（7−6で）1に変えるんじゃ。すると、7827は1221になるじゃろ。そのあとで上のたし算をしてもいいんじゃよ。

⑨ひと筆書きⅢ

ひと筆書きができるのはFとG。Eはできそうじゃが、できないんじゃ。

Fは3つ（奇数）の線が出ている点があるが、2カ所なんじゃ。
だから、この奇数の点のどちらかからスタートすれば、
もうひとつの奇数の点でひと筆書きは完成するんじゃよ。

Gは線が交差している点からはすべて4つ（偶数）の線が出ているじゃろ。
だからひと筆書きができるんじゃ。

F

G

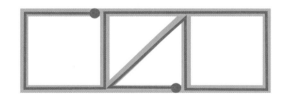 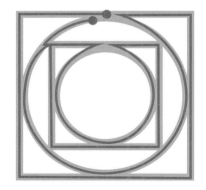

Eは3つ（奇数）の線が出ている点が4つあるじゃろ。
だからひと筆書きはできないんじゃよ。

みんなも、自分でひと筆書きを書いてみてくれい。
そして、交差する点から出ている線の数をチェックしてみると、
この法則が正しいことがわかるはずじゃ。

⑩ おもしろ漢字Ⅲ

問題①

桜	菊	梅	百合	水仙	椿

ゆり	さくら	すいせん	きく	つばき	うめ

難問 問題②

A 撫子＝なでしこ B 向日葵＝ひまわり C 沈丁花＝ちんちょうげ
D 牡丹＝ぼたん E 花梨＝かりん F 桔梗＝ききょう

超難問 問題③

G 薔薇＝ばら H 紫陽花＝あじさい I 竜胆＝りんどう
J 蒲公英＝たんぽぽ K 土筆＝つくし L 胡桃＝くるみ

⑫ おもしろ漢字Ⅳ

問題①

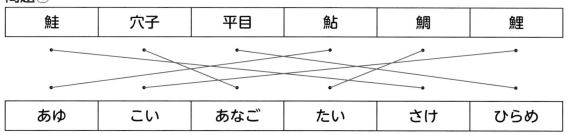

鮭	穴子	平目	鮎	鯛	鯉

あゆ	こい	あなご	たい	さけ	ひらめ

難問 問題②

A 秋刀魚＝さんま B 公魚＝わかさぎ C 河豚＝ふぐ
D 鮟鱇＝あんこう E 鮫＝さめ F 鯰＝なまず

超難問 問題③

G 鮑＝あわび H 鰐＝わに I 鮨＝すし
J 鱗＝うろこ K 鰓＝えら L 鯨＝くじら

Staff

【構　成】

空伝妥模四

【装丁・本文デザイン】

渡川光二

【イラスト】

竜宮ツカサ

【Special Thanks】

シモダユウスケ　タカハシ ヨウ　古都枝茂子

※本書は2012年に刊行された『わくわく アインシュタイン式 子ども
の論理脳ドリル』（東邦出版）を、新装版として再刊行したものです。

新装版　わくわく アインシュタイン式
子どもの論理脳ドリル

2021 年 4 月 14 日　初版第 1 刷発行

編　者　　アインシュタイン研究会
発行者　　岩野裕一
発行所　　株式会社 実業之日本社
　　　　　〒 107-0062
　　　　　東京都港区南青山 5-4-30
　　　　　CoSTUME NATIONAL Aoyama Complex 2F
　　　　　電話 03-6809-0495（編集／販売）
　　　　　https://www.j-n.co.jp/

印刷・製本　大日本印刷株式会社
©Einstein kenkyukai 2021 Printed in Japan
ISBN978-4-408-42102-5（書籍管理）